BIBLIOTHÈQUE THÉATRALE

Auteurs contemporains.

LA

CORDE SENSIBLE

VAUDEVILLE EN 1 ACTE

Par MM. CLAIRVILLE et LAMBERT THIBOUST.

Prix : 60 cent.

PARIS

D. GIRAUD ET J. DAGNEAU, LIBRAIRES-ÉDITEURS

18, RUE GUÉNÉGAUD

—

1851

BIBLICTHÈQUE THÉATRALE

— Auteurs contemporains —

Nouvelle collection publiée dans le format in-18 anglais

PIÈCES EN VENTE

BATAILLE DE DAMES, ou UN DUEL EN AMOUR, comédie en 3 actes, en prose, par MM. SCRIBE et LEGOUVÉ. Prix : 1 fr.

LA CHANTEUSE VOILÉE, opéra-comique en 1 acte, par MM. SCRIBE et DE LEUVEN. Prix : 60 c.

LA PEAU DE MON ONCLE, vaudeville en 1 acte, par MM. VARIN et Jules de PRÉMARAY. Prix : 60 c.

LA VIE DE CAFÉ, pièce en 3 actes, mêlée de chants, par MM. DUPEUTY et E. VANDERBURCK. Prix : 75 c.

UN DIEU DU JOUR, comédie-vaudeville en 2 actes, mêlée de couplets, par MM. Ac. d'ARTOIS, ROGER DE BEAUVOIR et de BESSELIÈVRE. Prix : 60 c.

LE RAISIN MALADE, folie fantastique en 1 acte, mêlée de couplets, par M. Michel DELAPORTE. Prix : 60 c.

L'ANGE DU REZ-DE-CHAUSSÉE, vaudeville en 1 acte, par MM. L. COUAILHAC et BOURDOIS. Prix : 60 c.

LE MARI D'UNE CAMARGO, comédie-vaudeville en 2 actes, mêlée de couplets, par MM. LAURENCIN et ARSÈNE DE CEY. Prix : 60 c.

LA TANTE LORIOT (jouée par M. et madame Émile Taigny), vaudeville mêlé de couplets, par MM. MOREAU et DELACOUR. Prix : 60 c.

UN AMANT QUI NE VEUT PAS ÊTRE HEUREUX, vaud. en 1 acte, par MM. de COMBEROUSSE et LUBIZE. Prix : 60 c.

L'EAU QUI DORT, vaudeville-proverbe en 1 acte, par MM. Bernard LOPEZ et Ch. NARREY. Prix : 60 c.

LE CHARIOT D'ENFANT, drame en vers en 5 actes et 7 tableaux, traduction du drame indien du roi Soudraka, par MM. Méry et Gérard de Nerval, in-18 format anglais (édition de luxe). Prix : 2 fr.

LE MARTYRE DE VIVIA, mystère en 3 actes et en vers, par Jean Reboul (de Nîmes), 1 vol. in-18 format anglais (édition de luxe). Prix : 1 fr. 50 c.

LES CONTES DE LA REINE DE NAVARRE ou LA REVANCHE DE PAVIE, comédie en 5 actes, en prose, par MM. SCRIBE et LEGOUVÉ, ornée d'un beau portrait de mademoiselle Madeleine Brohan, gravé sur acier. Prix : 1 fr. 25 c.

LES PÉCHÉS DE JEUNESSE, drame en 3 actes, en prose, par M. Émile SOUVESTRE. Prix : 60 c.

UN ENFANT DE PARIS, drame en 5 actes et 8 tableaux, par M. Emile SOUVESTRE. Prix : 1 fr.

UN PAYSAN D'AUJOURD'HUI, comédie en 1 acte, en prose, par M. Emile SOUVESTRE. Prix : 60 c.

LE LION ET LE MOUCHERON, drame en 5 actes, par MM. Émile SOUVESTRE et Eug. BOURGEOIS. Prix : 75 c.

MADAME DE LAVERRIÈRE, drame en 5 actes, par M. Charles LAFONT. 75 c.

LES BAISERS, comédie en 1 acte et en prose, par M. Hippolyte LUCAS. 60 c.

LA FILLE DU ROI RENÉ, comédie-vaudeville en 1 acte, par M. Gustave LEMOINE. Prix : 60 c.

L'ENSEIGNEMENT MUTUEL, pochade mêlée de couplets, par MM. TH. BARRIÈRE et DECOURCELLE. Prix : 60 c.

LA DOT DE MARIE, vaudeville en 1 acte, par MM. CLAIRVILLE et J. CORDIER. Prix : 60 c.

CLAUDINE ou LES AVANTAGES DE L'INCONDUITE, étude pastorale et berrichonne (*Parodie de Claudie*), par MM. SIRAUDIN et Arthur DE BEAUPLAN. 60 c.

UNE BONNE QU'ON RENVOIE, vaudeville en 1 acte, par MM. DE LA ROUNAT et S. Henri BERTHOUD. Prix : 60 c.

PIERROT, pièce de carnaval, en 1 acte, par MM. LEFRANC et DECOURCELLE. Prix : 60 c.

MILITAIRE ET PENSIONNAIRE, vaudeville en 1 acte, par MM. BRISEBARRE et DE LUSTIÈRES. Prix : 60 c.

LA CORDE SENSIBLE

VAUDEVILLE EN UN ACTE

PAR

MM. CLAIRVILLE ET LAMBERT-THIBOUST

Représenté pour la première fois, à Paris, sur le théâtre du Vaudeville,
le 8 octobre 1851.

PARIS.

D. GIRAUD ET J. DAGNEAU, LIBRAIRES-ÉDITEURS,
18, RUE GUÉNÉGAUD.

1851

PERSONNAGES.

TAMERLAN......................	MM. RENÉ LUGUET.
CALIFOURCHON..................	GIL PÉRÈS.
MIMI..........................	Mmes SAINT-MARC.
ZIZINE........................	IRMA GRANIER.

La scène se passe à Paris.

Nota. — S'adresser, pour la musique, à M. Taranne, bibliothécaire au théâtre du Vaudeville. — Les indications sont prises de la gauche du spectateur ; les changements sont indiqués par des renvois.

Imprimerie de HENNUYER et Ce, rue Lemercier, 24 Batignolles.

LA
CORDE SENSIBLE

VAUDEVILLE EN UN ACTE.

(Le théâtre représente une chambre meublée très-simplement. — Porte au fond. — A la gauche de l'acteur, également au fond, une fenêtre; à cette fenêtre, des fleurs et une cage à serins. — A droite et à gauche, au premier plan, portes condamnées par un verrou seulement; à la gauche de l'acteur, au-dessus de la porte condamnée, une cheminée; un peu plus haut, une fontaine; au milieu du théâtre, une table à ouvrage, couverte de fleurs artificielles, de cartons, etc., etc.; à droite, au troisième plan, une commode et l'entrée d'un cabinet.)

SCÈNE PREMIÈRE.

MIMI, *seule, assise à gauche; elle travaille en chantant.*

C'est le jardin de Jenny l'ouvrière,
Au cœur content, content de peu.
TAMERLAN, *en dehors, à droite*
Elle pourrait être riche et préfère...
CALIFOURCHON, *à gauche, en dehors.*
Ce qui lui vient de Dieu!...

(*Il fait un couac.*)
MIMI, *s'arrêtant.*
Ah! bon : c'est le voisin de gauche, avec ses couacs!... Là!... v'là qu'est fini. C'est égal... nous avons un voisinage inquiétant... avec ça que cette maison n'est pas des mieux tenues... surtout du côté des mansardes. Le propriétaire a eu beau dire que ces deux portes étaient condamnées!... sans les verroux que nous avons fait mettre... heureusement ils sont solides... (*Elle range son ouvrage et va à la cage qu'elle décroche.*) Ah! pauvres petites bêtes!... ils ont fini leur mouron... On vous en donnera, mes petits chéris, si vous êtes bien sages... et si vous ne vous disputez pas. C'est vrai, ça!... les amoureux, que ça soit des serins ou des hommes, faut toujours que ça se dispute!

SCÈNE II.

MIMI, ZIZINE.

ZIZINE, *tenant une boîte au lait, entre en rédowant.*
Tra la la... la la... Bonjour, Mimi... Tiens ! v'là not' déjeuner.

MIMI.
Justement le feu est allumé !

ZIZINE.
Tu travaillais encore ?... Ah ! c'est pas raisonnable.

MIMI.
Mais...

ZIZINE.
Je t'ai bien entendue, cette nuit, te lever en catimini, allumer une chandelle des six, et attendre, l'aiguille en main, le lever de l'aube !... Tout ça, c'est des bêtises... on peut être vertueuse sans assister au lever de l'aurore... Moi, je me dorlotte jusqu'à dix heures du matin dans mes couvertures, et, nonobstant, je suis pure. (*Mimi est pensive.*) Eh bien !... à quoi penses-tu donc ?

MIMI.
Moi... à rien !

ZIZINE.
Oh ! je te vois venir ! Prends garde, ma biche, le jeune homme du boulevard des Italiens domine dans tes raisonnements.

MIMI, *troublée.*
Quel jeune homme ?... je... je... ne sais pas.

ZIZINE.
Sainte Nitouche, va !... Eh bien ! oui, le jeune homme qui s'est trouvé là juste à point, entre loup et chien, un soir que tu reportais de l'ouvrage, pour te défendre contre trois ostrogoths qui sortaient de chez Tortoni...

MIMI.
Oh ! oui... j'ai eu joliment peur...

AIR :

Quelle offense !
Quand j'y pense,
En sortant de chez le traiteur,
Ils m'enlacent,
Ils m'embrassent,
Quand soudain paraît mon sauveur.

Dieu ! quelle scène inouïe !
Comme il se battait pour moi.
J'étais presque évanouie,
Eh bien ! malgré mon effroi,

SCÈNE II.

La première,
J'étais fière,
Et, depuis que je n'ai plus peur,
Sa vaillance,
Quand j'y pense,
Fait encor palpiter mon cœur.

ZIZINE.

Dieu ! si j'étais de la sorte
Outragé' par un quidam,
Sur un boul'vard, sans êtr' forte,
Je l' flanqu'rais dans l' macadam.
Quelle danse !
Quand j'y pense,
Je l' plaindrais, parole d'honneur,
Car je griffe
L'escogriffe
Qui veut égratigner mon cœur.

Ensemble.

MIMI.

Quelle offense !
Quand j'y pense,
C'est encor la même frayeur,
L'homm' qu'on griffe,
Se rebiffe,
Et la bataille me fait peur.

ZIZINE.

Quelle danse ! etc.

MIMI.

Mais je ne sais pas pourquoi tu me parles de ce jeune homme que je n'ai jamais vu ; il faisait nuit, je me suis trouvée mal, et, quand je revins à moi, mon sauveur avait disparu.

ZIZINE.

Et ton fichu aussi.

MIMI.

Oui.

ZIZINE.

Ton sauveur était un filou... il t'avait fait ton fichu !

MIMI.

Oh !...

ZIZINE.

Prends garde... tu es trop vaporeuse, ma biche ; le sentiment, c'est de la farce... et avec de la reconnaissance on va bien loin... Rappelle-toi cette pauvre Blanchette qui s'est laissé entortiller par des favoris-côtelette qui lui promettaient l'hyménée.

MIMI.

Pauvre Blanchette !... Oh ! oui, son exemple doit nous servir !

ZIZINE.

Méfie-toi des hommes, Mimi !... Les hommes, vois-tu, c'est comme les ballons !... on peut les faire aller... mais on ne les dirigera jamais !...

MIMI.

Ça n'empêche pas qu'un jour ou l'autre faut bien finir par se marier.

ZIZINE.

Moi ! jamais !

MIMI.

Oh ! si tu trouvais un jeune homme bien gentil, avec une position sociale... Ton rêve à toi, c'est la richesse.

ZIZINE.

Ah ! dame, il est certain que si on m'apportait en mariage les mines de la Californie...

MIMI.

Tu vois bien...

ZIZINE, *allant à la cage.*

As-tu donné le déjeuner aux serins ?... Ah ! n'y a plus de mouron !

SCÈNE III.

LES MÊMES, TAMERLAN, *montrant sa tête à la porte du fond.*

TAMERLAN.

Pardon, mesdemoiselles !... Vous serait-il agréable de me prêter un tire-bottes ?

ZIZINE.

Un tire-bottes !... connais pas !

TAMERLAN, *riant.*

Ah ! ah ! ah !... que je suis léger ! les femmes ignorent ce produit... Ça va bien, voisines ?

ZIZINE, *sèchement.*

Ça ne vous regarde pas.

TAMERLAN, *riant.*

Je vous demande pardon ; sans rancune, voisines ! (*Il disparaît.*)

SCÈNE IV.

MIMI, ZIZINE.

MIMI.

Il est bien comme il faut, ce jeune homme !

ZIZINE.

Oui, pas mal... on voit qu'il a du monde.

MIMI.

Et si gai!.,. il chante toujours !

SCÈNE V.

LES MÊMES, CALIFOURCHON, *montrant sa tête à la porte du fond.*

CALIFOURCHON.

Voisines, je...

MIMI.

Tiens ! le voisin de gauche.

CALIFOURCHON.

Pardon, mesdemoiselles... souffrez...

ZIZINE.

Voyons... quoi, encore ?...

CALIFOURCHON.

C'est une allumette dont j'aurais besoin pour...

ZIZINE.

Une allumette !...

CALIFOURCHON.

Souffrez...

ZIZINE.

Nous n'avons pas d'allumettes !... Allons, passez votre chemin, ou je vous arrose... (*Elle prend la carafe.*)

CALIFOURCHON, *contemplant Zizine, à part.*

Qu'elle est belle, cette *fâme !* (*Il disparaît.*)

SCÈNE VI.

MIMI, ZIZINE.

TOUTES DEUX, *riant.*

Ah ! ah ! ah !...

ZIZINE,

En voilà un original !... s'immiscer dans nos lares sous un prétexte d'allumettes !... Et il me faisait des yeux... oh !

MIMI.

Peut-être qu'il est malade !

ZIZINE.

Soyons sans pitié. Le sort nous unit dans une étroite mansarde, mais nos chansons l'égayent et nos fleurs en payent le loyer... Guerre au sentiment, mais guerre à mort ! Je lève l'étendard contre la moitié barbue du genre humain. Ça va-t-il ?

MIMI, *lui tendant la main.*

Ça va !

ZIZINE.

Bien !... Et en avant notre chant de guerre et de victoire !

AIR *de M. Montaubry.*

Jurons (*Ter*)
Que nous nous unissons,
Insouciance !
Indépendance !
Oui, le bonheur (*Bis*) et la gaieté,
C'est toi (*Bis*), chère liberté !

MIMI.

Ecoute la voix du cœur,
Elle nous dit : Dieu vous garde.
Quittez-vous, et le bonheur
Quittera votre mansarde,

Ensemble.

Jurons (*Ter*), etc.

ZIZINE.

Par l'amitié, remplaçons
Une liaison passagère,
Unissons-nous et chassons
L'invasion étrangère.

MIMI (*parlé*).

C'est ça, Zizine, ne nous quittons jamais.

ZIZINE, *avec émotion.*

Vois-tu, Mimi, je te servirai de père.

Ensemble.

Jurons (*Ter*), etc.

TAMERLAN, *en dehors, à droite.*

Mamzelle Mimi, je raffole de vous... parole sacrée ! Peut-on se déclarer ?... Je passe une paire de Jouvin... et une cravate... d'une entière blancheur !.. Ça y est-il ?...oui... Vive la joie !

MIMI.

Eh bien ! il va venir ici !

ZIZINE.

Qué que ça fait ?

CALIFOURCHON, *en dehors, à gauche.*

Mamzelle Zizine !...

ZIZINE.

Encore !...

CALIFOURCHON.

Je vous idole...

ZIZINE.

Vrai !

CALIFOURCHON.

Couronnez ma flamme !... oh ! *voui*, couronnez-la. (*Il chante.*)

Pour tant d'amour, ne soyez pas ingrate !...

(*Nouveau couac.*)

ZIZINE.

C'est un baryton !

CALIFOURCHON.

Je cherche mes gants et je viens...

ZIZINE.

Encore un !... une pluie d'hommes !

MIMI.

Que faire ?

ZIZINE.

N'ayons pas l'air d'en avoir peur ; si nous leur fermions la porte, ils entreraient par la fenêtre.

MIMI.

Comment ! tu veux les recevoir !

ZIZINE.

Sans conséquence... Travaillons !... ça pose !...
(*Elles prennent chacune leur ouvrage et travaillent près de la table.
—On frappe.*

ZIZINE, *à part.*

Voilà le numéro un... (*Haut.*) Entrez !...

SCÈNE VII.

LES MÊMES, TAMERLAN.*

TAMERLAN, *l'air grave, des gants blancs.—A part.*
Tamerlan, allez-y... et donnez votre *ut* bémolisé. (*Il s'avance
vers Mimi.*)

AIR : *Cocorico.* (Poule aux œufs d'or.)
Mamzelle, écoutez l' récit
D'un rêv' que j'ai fait cett' nuit.
Avec permission d' monsieur l' maire,
Je vous conduisais à l'autel,
Et j'étais l' plus heureux mortel,
Quand me réveilla ma portière !
De grâce, objet plein d'appas,
Dit's-moi que je n' rêvais pas.
Ah ! Mimi, dit's-moi tout bas
Qu' je n' rêvais pas !

(*On frappe à la porte.*)

ZIZINE, *à part.*

Le numéro deux ! (*Haut.*) Entrez !...

* T. (M., Z.) à la table.

SCÈNE VIII.

LES MÊMES, CALIFOURCHON.* (*Il entre, l'air grave, gants blancs.*)

TAMERLAN.

Un mâle !...

CALIFOURCHON.

Abusons de mon organe flexible. (*Il s'avance vers Zizine, son chapeau à la main.*)

Même air.

Mamzelle, écoutez l' récit
D'un rêv' que j'ai fait cett' nuit.

TAMERLAN, *parlé.*

Mais dites donc, c'est mon air et mes paroles, ça !...

CALIFOURCHON, *parlé.*

Vous m'ennuyez !... (*Reprenant.*)

Vous étiez ma femme fidèle,
Et tellement j' vous embrassais,
Tellement je me trémoussais,
Qu' j'ai dégringolé dans la ruelle.

TAMERLAN, *à part, parlé.*

Crétin, va !...

CALIFOURCHON, *faisant la grimace, et se tâtant.*

De grâce, objet plein d'appas,
Dit's-moi que je n' rêvais pas.
Zizine, dites-moi tout bas
Qu' je n' rêvais pas !

ZIZINE.

Après, messieurs ?

TAMERLAN.

Après ? (*A Mimi.*) Cyprien Tamerlan, peintre en bâtiments, vingt-huit ans, physique heureux, caractère idem ; ferré sur la chansonnette et sur les mœurs ; ne pinçant qu'une valse à deux temps dans les eaux du gouvernement... La mère en permettrait la lecture à sa fille... (*A Califourchon.*) A vous, jeune homme... allez!

CALIFOURCHON, *à Zizine.*

Ernest Califourchon, philosophe et conservateur, vingt-cinq ans, l'œil vif, la dent blanche, et fier d'être Français quand il vous regarde, mademoiselle !...(*Il salue.*)

ZIZINE.

Est-ce qu'il me prend pour la colonne ?

TAMERLAN, *riant.*

Hi ! hi ! hi !... il y a une réponse, sans vous commander !

* T., M., Z., C.

CALIFOURCHON, *à part.*

Que va-t-elle dire? oh! que va-t-elle dire?

MIMI, *se lève et salue.*

Monsieur Califourchon! et vous aussi, monsieur Cyprien...
tenez, vous êtes de braves jeunes gens... et ça serait indélicat de
vous faire poser.

CALIFOURCHON, *à part.*

Je suis dans la position de Prométhée... le vautour de l'in-
certitude déchire mon flanc!

ZIZINE.

Nous ne voulons point nous conjoindre!

TAMERLAN, *à part.*

Dégommé!

CALIFOURCHON, *à part, regardant Zizine avec douleur.*

Je suis boulé par cet ange!

TAMERLAN, *à Mimi.*

Comment, mademoiselle...

MIMI, *avec effort.*

Monsieur Cyprien, faut pas m'en vouloir... si,.. je ne veux
pas me marier... mon refus n'a rien de personnel.

TAMERLAN, *ému.*

J'ai le cœur serré comme si... Bigre! Tamerlan, mon ami,
vous êtes pincé... Je vas ôter mes Jouvin. (*Pleurant.*) Bonsoir,
mesdemoiselles! (*Fausse sortie.*)

CALIFOURCHON, *à part.*

Courons attenter à mes jours!... (*Il s'éloigne tranquillement.*)

ZIZINE, *les ramenant et se plaçant entre eux.**

Eh ben! pas de bêtises... Tenez, soyons bons voisins et amis...
Quand la clef sera sur la porte, venez sans façon nous dire un
petit bonjour... comme voisins... mais comme amoureux, ber-
nique!... il n'y a pas mèche.

CALIFOURCHON, *pleurant.*

Il n'y a pas mèche.

MIMI.

Est-ce dit?.. sommes-nous raccommodés?

TAMERLAN.

Il le faut bien.

MIMI.

L'amitié vaut mieux que l'amour.

TAMERLAN.

Votre amitié!... oh! je l'accepte, mamzelle Mimi, parce que
je fais plus que de vous aimer... je vous estime comme une

* M., T., Z., C.

brave fille que vous êtes... Je suis votre voisin, et quand je rentre
le soir, bien tard, bien tard, et que la curiosité me fait mettre un
œil au trou de la serrure... je vois une lumière, et une jeunesse qui travaille sans lever la tête tant seulement une petite
fois. Pour lors, j'avais rêvassé, je m'étais fait comme ça des
idées... Oh! faut pas m'en vouloir, mamzelle Mimi, mais que
ça soit une bonne et franche amitié, au moins de votre côté...
Pour quant à moi, c'est déjà fait!...

CALIFOURCHON.

Moi aussi que c'est déjà fait, mamzelle Zizine; car moi aussi
j'ai mis un œil au trou de la serrure; je ne vous ai jamais vue
travailler, c'est vrai; mais je vous ai vue dormir avec tant de
grâce, que je me disais : « Qu'elle est belle, cette *fâme!...*

ZIZINE.

Voyez-vous ça!

TAMERLAN.

Air *nouveau de M. Montaubry.*

Vous le voulez!... eh bien! mamzelle,
Oui, j'accepte votre amitié,
Aujourd'hui que mon cœur, par elle,
Au vôtre à jamais soit lié !

CALIFOURCHON.

Vous le voulez!... ch'bien ! mamzelle,
Oui, j'accepte votre amitié.
Aujourd'hui que mon cœur, par elle,
Au vôtre à jamais soit lié.

TAMERLAN.

Au serment fait entre nous
Je serai toujours fidèle,
Et, comme je pense à vous,
Ah ! pensez à moi, mamzelle !

CALIFOURCHON.

Ah! pensez à moi, mamzelle !

TAMERLAN, *parlé.*

Il est insupportable!... il me prend tout !

CALIFOURCHON, *parlé.*

Vous m'ennuyez!

Reprise, ensemble.

ZIZINE et MIMI.

Que chacun de nous soit fidèle
À notre serment d'amitié.
Ce serment, je le renouvelle;
Qu'il ne soit jamais oublié !

ZIZINE.

Oh! mes enfants, nous sommes en plein sentiment!... arrê-
tons les frais!... Mimi, viens avec moi chercher le déjeuner de

nos canaris...* et vous, voisins, empêchez le nôtre de renverser. (*Elle verse le lait dans une petite casserole qu'elle place sur le
feu.*) Vous voyez que nous vous traitons en voisins.

TAMERLAN.

Bravi! brava! Pas de cérémonies... et vive la joie!... Hi!
hi! hi! (*A part.*) C'est égal, elle y est la larme. (*Il s'essuie les
yeux.*)

ZIZINE.

A la bonne heure !

CALIFOURCHON, *à part.*

Cette femme me navre... Ah! je suis un Califourchon bien
navré !

ZIZINE, *qui a pris son châle, ainsi que Mimi.*

Soignez le déjeuner, voisins !

TAMERLAN.

Sufficit, voisines, on le soignera.

Ensemble.

AIR final de *Diviser pour régner.*

Qu'entre nous, pour toujours,
Le sentiment s'efface,
Que l'amitié remplace
De frivoles amours !

SCÈNE IX.

TAMERLAN, CALIFOURCHON.

TAMERLAN, *ôtant ses gants avec colère.*

Démoli, refait au même, plumé comme un cornichon.

CALIFOURCHON, *qui a mal entendu.*

Mossieu !...

TAMERLAN.

Mossieu! (*Ils se saluent.*)

CALIFOURCHON.

J'avais entendu Califourchon. (*A part.*) Ce jeune homme a
du chique!

TAMERLAN.

Ce blond a un nez qui me va. (*Il le salue.*) Mossieu...

CALIFOURCHON, *rendant le salut.*

Mossieu...

TAMERLAN.

Vous aimez Mlle Zizine?

CALIFOURCHON.

Je vous trouve charmant, monsieur ! mais, depuis un mois,
je la suis, je la guette, je la guigne ; je suis capable pour elle
des extravagances les plus extravagantes... Pour être près d'elle,
pour lui offrir un petit banc, monsieur, j'ai avalé trois fois

* T., M., Z., C.

l'*Ours et l'Homme sauvage*, au Cirque-Olympique... Vous n'avez pas vu ça, monsieur... ah ! la vilaine bête !...*

TAMERLAN.

Et maintenant, quel est votre dessein ?

CALIFOURCHON.

Mon dessein était d'acheter chez l'apothicaire le rapide poison des Borgia ; mais j'ai changé d'idée... je vais boire une choppe. (*Fausse sortie.*)

TAMERLAN.

Mossieu !...

CALIFOURCHON.

Mossieu. (*Ils se saluent.*)

TAMERLAN.

Votre physionomie me plaît.

CALIFOURCHON.

La vôtre ne m'est pas moins sympathique.

TAMERLAN.

Voulez-vous nous unir pour subjuguer ces jeunes premières ? Elles sont deux... soyons deux... Voulez-vous être amis ?

CALIFOURCHON, *prudent.*

Oserais-je vous demander vos opinions politiques, monsieur ?

TAMERLAN.

Je n'en ai pas.

CALIFOURCHON.

Moi non plus !... nous sommes sûrs de nous entendre. Soyons amis !

TAMERLAN.

Oreste et Pylade !

CALIFOURCHON.

Euryale et Nisus !

TAMERLAN.

Damon et Pythias !

CALIFOURCHON.

Robert Macaire et Bertrand !

TAMERLAN.

Ce cher Ernest !

CALIFOURCHON.

Ce bon Cyprien !

TAMERLAN.

Tu vas bien ?

CALIFOURCHON.

Et toi ?

TAMERLAN.

Pas mal, merci ! (*Poignée de main.*) Ah ! mes petites chattes,

* En province et même à Paris, l'artiste devra substituer à cette pièce celle qui sera la plus nouvelle à l'époque de la représentation.

n'y a pas mèche, avez-vous dit?... nous verrons... nous verrons !...

CALIFOURCHON.

Quel est ton plan? tant pis je le *tuteye*!

TAMERLAN.

Vois-tu, Ernest, je suis peintre en bâtiments, surnommé
Boule-d'Amour... et mon expérience des femmes m'a fourni
ces précieux détails ; à savoir : que la femme la plus sage a un
défaut caché à la cuirasse de sa vertu... que la plus inhu-
maine, la plus farouche, possède au fond de son cœur une
corde sensible... Faites vibrer cette corde et la femme se rend,
le cœur cède, la beauté s'humilie et une voix douce te caresse
l'acoustique avec le miel subséquent : « Tu es à moi, je suis à
toi... Ernest, l'autel attend... ah ! allons-y... » Y es-tu?

CALIFOURCHON, *enthousiasmé.*

En plein, Cyprien, en plein !

TAMERLAN.

La corde sensible, c'est la clef du cœur.

Air : *Rondeau des deux maîtresses.*

Au dieu d'amour il n'est rien d'impossible,
Donc il ne faut jamais désespérer ;
Car chaque femme a sa corde sensible
Que tôt ou tard un amant fait vibrer.

Une lorette est toujours accessible
Pour qui l'aborde avec un riche avoir,
Et l'on arrive à sa corde sensible
Par un coupé, des chevaux, un boudoir.

Une bourgeoise est bien plus susceptible;
Par pruderie elle craint les témoins,
Et l'on arrive à sa corde sensible
Par le respect et par les petits soins.

Une duchesse est altière, inflexible ;
Pourtant elle aime et la gloire et l'honneur,
Et l'on arrive à sa corde sensible
Quand on est noble et d'esprit et de cœur !

Une danseuse, un peu plus combustible,
Livre son cœur à mille auto-da-fés,
Et l'on arrive à sa corde sensible
Par du champagne et des perdreaux truffés.

Une grisette est souvent disponible ;
Pour la toucher, tous les moyens sont bons,
Et l'on arrive à sa corde sensible
Par de l'amour, du cidre et des marrons.

Une dévote est farouche au possible,
Elle prescrit le jeûne et les sermons,
Et l'on arrive à sa corde sensible
Par la prière et les privations.

Mais l'innocence est encor plus terrible,
Elle est toujours prête à s'effaroucher ;
Pour arriver à sa corde sensible,
On ne sait pas à quel endroit toucher.

Et cependant il n'est rien d'impossible,
L'amour jamais ne doit désespérer,
Car chaque femme a sa corde sensible
Que tôt ou tard un amant fait vibrer.

CALIFOURCHON.

Ah ! tu m'enflammes ! Oh ! grand philosophe, comme tu connais le cœur humain ! (*Sans se déranger.*) Dis donc, Cyprien, le lait qui renverse.

TAMERLAN.

Laisse-le renverser !

CALIFOURCHON, *tranquillement.*

C'est ce que je fais.

TAMERLAN.

Ah ! quelle idée !

CALIFOURCHON.

Quoi donc ?

TAMERLAN, *montrant la porte de droite.**

Ce verrou protecteur de sa vertu.

CALIFOURCHON.

Eh quoi ! Cyprien, tu voudrais...

TAMERLAN, *tirant le verrou.*

C'est régence, tant pis !

CALIFOURCHON.

Ah ! Cyprien, abuser de la confiance d'une jeune fille, profiter de son absence, de sa candeur pour... Ah ! ah ! ah ! (*Il s'est dirigé vers la porte de gauche, et tire aussi le verrou.*)

TAMERLAN.

Eh bien ! que fais-tu donc ?

CALIFOURCHON, *riant.*

Je suis régence aussi, moi... palsambleu ! (*On entend Zizine et Mimi fredonner au dehors.*)

TAMERLAN.

Bigre ! il était temps !

* C., T.

SCÈNE X.

LES MÊMES, ZIZINE, MIMI.*

ZIZINE.

Là! nous voilà de retour.

MIMI.

Avec le déjeuner de nos canaris.

ZIZINE.

Ah! vertuchoux! et le nôtre qui est dans les cendres...

MIMI.

Dans les cendres!... Comment, messieurs, c'est ainsi que vous faites attention?

ZIZINE.

Nous voilà réduites au supplice de *Cancale.*

TAMERLAN.

Non, mesdemoiselles, non, ce lait s'en est allé par notre faute; nous étions si émus, si troublés de tout ce que vous nous aviez dit; ** mais vous ne devez pas souffrir de nos distractions, et nous vous offrons un déjeuner chez Vachette; le potage à la bisque, la fine douzaine d'Ostende, le homard, le champ mousseux... Ça vous va-t-il?... Oui... partons...

MIMI.

Tatatatata!... comme vous y allez!

ZIZINE.

Pas de ça, Lisette, pas de ça.

TAMERLAN.

Vous préférez des crevettes?... Allons, va pour des crevettes... bah!

MIMI.

Nous préférons rester ici....

TAMERLAN et CALIFOURCHON.

Ici!

ZIZINE.

Nous en serons quittes pour déjeuner plus tard.

MIMI.***

En allant reporter notre ouvrage... Allons, Zizine, dépêchons-nous.

TAMERLAN, *à part.*

Pas gourmandes!

CALIFOURCHON, *à part.*

Ce n'est pas la corde sensible.

* C., T., M., Z.
** C., M., T., Z.
*** M., Z., C., T.

TAMERLAN, *bas.*

A ton tour.

CALIFOURCHON, *avec un cri.*

Ah ! j'ai une bonne idée...

ZIZINE, *apportant un carton à fleurs.*

Voilà le carton.

MIMI, *ouvrant une armoire dans laquelle sont toutes sortes de fleurs.*

Bon ! ça sera bientôt fait.

CALIFOURCHON.

Ah ! mesdemoiselles, j'ai une offre à vous faire.

MIMI.

Une offre !

ZIZINE.

Encore... quoi donc ?

CALIFOURCHON.

Deux places pour l'Assemblée législative... le portier me veut du bien.

ZIZINE.

Merci, mais nous ne comprenons rien à la politique !

MIMI.

C'est trop ennuyeux !

CALIFOURCHON, *à part.*

L'Assemblée législative n'est pas leur corde sensible.

ZIZINE.

J'aimerais mieux un billet de bal.

TAMERLAN, *qui s'était assis, se levant subitement.*

Un billet de bal, j'ai votre affaire.

ZIZINE.

Ah bah !

MIMI.

Vraiment !

TAMERLAN.

Grande fête au Château des Fleurs, avec illuminations en verres de couleurs... Giorno à discrétion, vingt-six trombones !... Balancez vos épouses !... et vive la joie !

Air *nouveau de M. Montaubry.*

Faut s'amuser, danser et rire.
Si le cancan est défendu,
Le cipal n'a rien à redire
Aux entrechats qu' fait la vertu !
Au gai flon flon de nos quadrilles,
Tournez, danseuses et danseurs !
Taratata !
Taratata !

* Z., M., T., C.

Joyeux garçons, joyeuses filles,
Pour vous, les lilas sont en fleurs.

Ensemble.

Faut s'amuser, sauter et rire, etc.
        (Danse sur la reprise.) *

TAMERLAN.

Fillettes, le piston résonne,
Du plaisir n' craignez pas l'abus,
        Taratata ! (*Bis.*)
Momus réserve sa couronne
A celle qui saute le plus.
Faut s'amuser, danser et rire, etc.

(*Reprise. — Danse en avant-quatre comique ; Zizine devant Cali-
        fourchon, Mimi devant Tamerlan.*)

Faut s'amuser, sauter et rire, etc. **

MIMI.

Oh ! la danse !... quelle belle invention !

TAMERLAN, *à part.*

Je la tiens !... pincée ! (*Haut.*) Ainsi, c'est convenu, nous partons... Vos bras, mesdemoiselles...

MIMI.

Oh ! oui, j'aime bien la danse ; mais ici, chez moi.

TAMERLAN.

Hein ?... sans orchestre ?

ZIZINE, *sévèrement.*

Et sans hommes !

TAMERLAN.

Sans cavalier !

ZIZINE.

Sans le plus léger cavalier.

CALIFOURCHON.

Ça doit être gênant !

TAMERLAN.

Ah ! ah !

ZIZINE.

Les lilas du Château des Fleurs nous sont inconnus.

TAMERLAN.

Ah ! ah !
(*Zizine, pendant cette scène, n'a cessé que par instants de ran-
ger dans le carton les fleurs que lui présente Mimi.*)

ZIZINE.

Pardon, messieurs, mais voici notre carton garni ; nous allons
sortir, et comme nous n'avons plus de lait à surveiller...

* C., M., T., Z.
** Z., T., M., C.

TAMERLAN.

N'achevez pas, je vous comprends... vous nous... flanquez
à la porte.

MIMI.

Oh ! non ; seulement nous serions bien aises de...

TAMERLAN.

De nous voir partir.

ZIZINE.

Mais oui, dépêchez-vous, nous sommes pressées.

CALIFOURCHON, *prenant le carton.*

Voulez-vous que je porte votre carton ?

ZIZINE, *lui arrachant le carton.*

Par exemple !

TAMERLAN. *

Air :

Viens, mon ami, c'en est assez,
Par elles nous sommes chassés ;
Et, puisqu'on ne peut nous aimer,
Chez nous il faut nous renfermer.

Ensemble.

MIMI, ZIZINE.	TAMERLAN, CALIFOURCHON.
Nous vous prions de nous laisser,	Viens, mon ami, c'en est assez,
Mais cela n'est pas vous chasser ;	Par elles nous sommes chassés ;
Nous ne pouvons pas vous aimer,	Et, puisque l'on ne peut m'aimer,
Libre à vous de vous renfermer.	Seul, chez moi, je vais m'enfermer.

(Ils sortent.)

SCÈNE XI.

MIMI, ZIZINE.

MIMI, *mettant son châle.*

Pauvres garçons ! les voilà partis fâchés.

ZIZINE.

Ne vas-tu pas t'attendrir... Allons, allons, en route, j'ai des
tiraillements d'estomac, et il faut que je me substente.

MIMI.

Mais les avoir mis à la porte !

ZIZINE.

Et je t'y mets aussi, et je ferme la porte à double tour. (*Les
portes du fond se referment sur les deux jeunes filles ; on entend
la clef tourner dans la serrure et la voix de Zizine continue.*) Recevoir des messieurs chez nous en notre absence, ce serait du
joli. (*Les deux voix se perdent en se disputant.—La scène reste vide
un moment, puis la porte de droite s'ouvre, et Tamerlan passe la
tête en disant.*)

* M., Z., T., C.

TAMERLAN.

Peut-on entrer?

CALIFOURCHON, *passant sa tête à gauche.*

Mlle Zizine, s'il vous plaît?

TAMERLAN.

Enfoncés les verroux et en avant deux! (*Ils se mettent à polker.
— Califourchon s'arrête et dit en pleurant :*)

CALIFOURCHON.

Ah! que je suis donc contrarié!

SCÈNE XII.

CALIFOURCHON, TAMERLAN.

TAMERLAN, *allant s'asseoir.*

Battus sur toutes les coutures... où est-elle, la corde?... où
est-elle nichée?

CALIFOURCHON.

Pas gourmandes!

TAMERLAN.

Pas coquettes!

CALIFOURCHON.

Ne dansant qu'à huis clos... Que faire?

TAMERLAN.

Cherche!...

CALIFOURCHON.

C'est inutile... je ne trouverais pas.

TAMERLAN.

Que diable! tu connais le cœur des femmes.

CALIFOURCHON, *se levant vivement.*

Ami, tu me croiras si tu veux... (*Baissant les yeux.*) Je n'ai
jamais connu l'amour.

TAMERLAN.

Allons donc!

CALIFOURCHON.

Je frise le ridicule, pas vrai? Tu me regardes comme une
curiosité, comme une chinoiserie, un singe vert!... Ah! plains-
moi, cher ami, plains-moi!

TAMERLAN.

Bah! tout n'est pas désespéré... Elle t'aimera.

CALIFOURCHON.

Elle si belle, cette *fâme!*

TAMERLAN.

Allons!... des idées! des idées!... un moyen!

CALIFOURCHON, *poussant un cri.*

Ah!...

TAMERLAN.

Quoi donc ?

CALIFOURCHON, *avec un second cri.*

Ah!...

TAMERLAN.

Tu as trouvé ?...

CALIFOURCHON.

Je vais me flanquer dans un fleuve... Indique-moi un fleuve pour que je m'y flanque!... (*Pleurant.*) Un fleuve, s'il vous plaît ! *

TAMERLAN.

Allons donc !... pour qu'on te repêche devant un tas de gens que tu ne connais pas !... Mauvais moyen !

CALIFOURCHON , *regardant la cage.*

Heureux volatiles ! on vous aime, vous... on vous mijote, vous... Que ne suis-je un serin ! ce serin est l'homme du monde le plus heureux ! Il est à la tête d'une serine dont il est aimé, et moi... (*Poussant un cri.*) Ah!...

TAMERLAN.

Mais quoi donc ?

CALIFOURCHON, *criant.*

Le serin qui bat la serine.

TAMERLAN, *assis.*

Eh bien ! nigaud... elle va se rebiffer... v'là tout!

CALIFOURCHON.

Ah!... elle ne se rebiffe pas... elle ne se rebiffe pas !

TAMERLAN, *s'approchant et regardant.*

Que dis-tu?

CALIFOURCHON.

Elle fait la gentille... elle tape de l'aile!... elle s'approche... elle va le bécoter ! elle le bécote !

ENSEMBLE.

Elle l'a bécoté !

TAMERLAN.

AIR : *J'en guette un petit de mon âge.*

O merveille de la nature,
Devant la force elle obéit !...
Et, loin de venger son injure,
La voilà qui se radoucit.

CALIFOURCHON.

Lorsqu'une femme le chagrine,
L'homme devrait, soir et matin,
Se conduire comme un serin
Se conduit avec sa serine.

* T., C.

TAMERLAN.

Oui, c'est un trait de lumière !... ô nature ! et moi qui faisais
le doucereux... gros plat !... va !... La femme est un être faible
et délicat qui demande à être mené rudement.

CALIFOURCHON.

Quoi !... tu crois qu'il faut... oh... (*Il rit d'un gros rire.*) Far-
ceur, va !

TAMERLAN.

Elle l'a bécoté !... elle l'a bécoté !... Je ne sors pas de là !

CALIFOURCHON.

Après ça, les femmes sont si cocasses !... J'ai remarqué que
ma portière ne me remettait mon journal que quand mon portier l'avait... contrariée !...

TAMERLAN.

Mais certainement, il y a des femmes qui aiment ça... c'est
leur corde sensible, une corde qu'il faut toucher ferme... Oh !
merci, serin courageux et intelligent... Tu corriges ta femme
qui est un être faible, toi qui es un être fort. Tu donnes une
grande leçon à l'humanité! Si nous réussissons, je te bourre de
millet pour le restant de tes jours.

CALIFOURCHON.

Si nous réussissons, je te fais empailler !

TAMERLAN.

Air : *Léonor, mon amour brave* (la Favorite, *chantée en charge*).

Aujourd'hui, mon amour brave
Ce qu'on pensera,
Ce qu'on dira.
Le moyen n'est pas très-brave,
Très-brave, non,
Mais il est bon !
Car ce sexe
Qui nous vexe
Doit obéir, c'est son destin.

CALIFOURCHON, *regardant la cage.*

La serine
Le lutine,
Ce serin-là n'est pas trop s'rin.

Ensemble.

Vive le s'rin !
Ah !
(*Ils reprennent, en se donnant la main.*)
Aujourd'hui, notre amour brave, etc.

MIMI, *en dehors.*

C'est le jardin de Jenny l'ouvrière, etc.

TAMERLAN.

La voix de Mimi !

CALIFOURCHON.

C'est à toi de commencer.

TAMERLAN.

Diable ! c'est difficile !

CALIFOURCHON, rentrant à gauche.

C'est ton affaire !... (*A part.*) Je verrai bien si ça lui réussit.

TAMERLAN.

Bigre ! mais si elle me trouve ici... et vite, et vite, fermons les issues, et d'abord. (*Il ferme le verrou de Califourchon en lui poussant la porte sur la figure.*)

CALIFOURCHON, au dehors.

Ah ! que c'est bête ! (*On entend ouvrir au fond.*)

TAMERLAN.

La voilà !... ni vu ni connu ; parais ! disparais ! (*Il rentre chez lui.*)

SCÈNE XIII.

MIMI, seule, ensuite TAMERLAN, entrant par le fond.

MIMI, elle entre en achevant sa chanson.

Voyons si j'ai bien mon compte, car cette Zizine, quand elle reçoit de l'argent, ne sait jamais ce qu'on lui donne... Oui, trois et six, neuf, et deux francs sept sous, onze francs sept sous... C'est bien ça !... c'est qu'on fait de bonnes journées dans les fleurs ; on gagne encore ses trente-cinq sous par jour.

TAMERLAN, au fond, un pot à l'eau à la main, pendant que Mimi serre son argent dans la commode.

Nous v'là seuls dans la cage (*Montrant Mimi.*) ; v'là la serine (*Se montrant.*) et v'là l' s'rin !... Il ne s'agit plus que de s'y prendre délicatement... Je ne peux pas m'y prendre comme un serin, sans préambule.

MIMI, se retournant.

Quelqu'un !... Monsieur Tamerlan !

TAMERLAN.

Pardon, voisine, auriez-vous un peu d'eau à me prêter pour me faire la barbe ?

MIMI.

Voyez à la fontaine.

TAMERLAN, à part.

Elle me prête son eau... je ne peux pourtant pas à cause de ça... c'est très-difficile.

MIMI, fermant son tiroir.

Allons, allons, la recette n'a pas été mauvaise.

TAMERLAN, remplissant son pot.

Vous êtes contente, voisine ?

MIMI.

Oh ! contente !... Nous ne gagnons pas des mille et des cent, mais pourvu que j'aie le nécessaire, ça me suffit... Ce n'est pas comme Zizine, qui a pris trois billets des lingots d'or.

TAMERLAN.

Ah bah ! elle a pris... (*A part.*) ça n'est pas un prétexte non plus... Sapristi ! que je suis donc gêné !

MIMI, *qui arrose ses fleurs.*

Vous permettez que j'arrose mon jardinet ?

TAMERLAN.

Comment donc !... (*A part.*) Si elle pouvait m'asticoter un peu ; mais elle ne m'asticote pas... mais asticote-moi donc !

MIMI, *se retournant et le voyant gesticuler.*

Qu'est-ce que vous avez donc, voisin ?...

TAMERLAN.

J'ai... j'ai que je rage !... pourquoi que vous ne voulez pas vous marier... Y doit y avoir une raison... et cette raison, vous devez la dire...

MIMI.

Mon Dieu... la raison est bien simple... Avant d' vivre seule avec Zizine, nous étions ici trois jeunes filles, orphelines toutes les trois, toutes les trois amies depuis l'enfance, et toutes les trois du même état... Dame ! vous dire que nous roulions sur l'or et sur l'argent... oh ! non... mais nous étions heureuses malgré ça... et dans cette mansarde, on chantait depuis le matin jusqu'au soir. Tout à coup, v'là qu' cette pauvr' Blanchette (c'était le nom de la troisième) ne rit plus, ne chante plus. V'là qu'elle soupire, qu'elle pleure, et tout ça parce qu'un beau jeune homme l'avait trouvée gentille, et qu'elle avait été assez simple pour croire aux paroles, aux promesses du beau jeune homme. Aussi, après quelque temps d'un bonheur... qui la faisait pleurer tous les jours, il fallut faire un baptême avant la noce... Le père avait disparu, et la pauvre Blanchette se mourait de chagrin et de maladie ; si bien qu'après un mois de souffrance, il y avait encore trois orphelines dans cette mansarde ; seulement, la troisième était une petite fille au berceau... sa mère... Oh! tenez... je n' peux pas penser à ça sans que des larmes... Pauvre Blanchette, va !...

Air : *Ses yeux disaient tout le contraire.*

Depuis ce temps, nous attendons
  Que notre chère enfant grandisse,
Avec l'argent qu'à nous deux nous gagnons,
  Nous payons les mois de nourrice.
Quand père et mère à la fois lui manquaient,
  Je l'adoptais avec Zizine.
Deux orphelines s'unissaient   } (*Bis.*)
Pour élever une orpheline.   }

TAMERLAN, *pleurant.*

Cristi... pristi ! sapristi ! on pleure trop dans cette maison-là... c'est des bêtises... ah ! c'est bien... c'est beau, c'est... mais... moi aussi je voudrais... et si vous vouliez. Hi !... hi... hi... (*Il pleure et se mouche.*)

MIMI.

Ne parlons plus de ça... vous avez voulu tout savoir ; vous savez tout... Nous ne voulons pas nous marier, parce que nous avons les amoureux en horreur, et que nous avons des devoirs à remplir. — Voilà tout le secret. — Maintenant, vous ne me parlerez plus d'amour, et vous me permettrez d'arroser mon jardinet. (*Elle va à la fenêtre.*)

TAMERLAN, *à lui-même.**

Ah ! gredin de séducteur... mauvais fadard !... si je le tenais... en v'là un qui passerait un mauvais quart d'heure !

MIMI.

Ah ! dans la rue !... ce pauvre petit ramoneur !... Attends, mon garçon ! (*Elle tire une pièce de deux sous de sa poche et la lance par la fenêtre.*) Là !... oh ! est-y content !... Il me remercie !

TAMERLAN.

Bon petit cœur... et c'est au moment où elle fait l'aumône que je pense à...

MIMI.

C'est vrai, ça... je ne peux pas voir un petit ramoneur sans lui donner quelque chose sur mes épargnes... Ces pauvres enfants qui viennent de si loin !... seuls à Paris !... N'est-ce pas, monsieur Cyprien, que ça réjouit le cœur de faire du bien aux malheureux. (*Tamerlan ému ne répond pas.*) Vous ne dites rien... Est-ce que vous souffrez ? Voulez-vous un verre d'eau sucrée ? Qu'avez-vous ?

TAMERLAN.

J'ai... j'ai rien, na !...

MIMI.

Mais si !

TAMERLAN.

Mais non !

MIMI.

Mai si !

TAMERLAN.

Mais non !

MIMI.

Je vous dis que si, moi !

TAMERLAN,

Eh bien !... j'ai... j'ai que vous êtes trop bonne, trop gentille, trop douce... et c'est affreux... oui, c'est affreux... Vous avez

* T., M.

un cœur d'or... vous faites du bien dans vos petits moyens!...
c'est révoltant, ça, c'est révoltant!... on veut se mettre en colère, et pas du tout... faut tomber à vos genoux, faut raffoler
de vous plus que la veille... faut vous aimer et vous bénir.
(*Croisant les bras.*) C'est donc joli, cette conduite-là !

MIMI.

Dame! ce n'est pas de ma faute.

TAMERLAN.

Mais si !

MIMI.

Mais non !

TAMERLAN.

Mai si!

MIMI.

Mais non!

TAMERLAN.

Je vous dis que si!... vous êtes un ange, que je vous dis...
faut que ça finisse ; je déménage, je vends mes meubles, je
file loin... bien loin... dans un pays où les femmes seront coquettes, méchantes, capricieuses, trompeuses, gourmandes...
Braves femmes, va!... comme je serai heureux dans ce pays-
là !...

AIR *nouveau de M. Aug. Bazille.*

Mon cœur brûle de mille flammes
Pour un' vertu qu'on n' trouv' qu'ici ;
Adieu, je vais chercher des femmes
Dont l' cœur soit combustible aussi.
Leurs sentiments n' s'ront pas les vôtres,
Ell's n'auront pas votre beauté,
Mais j' veux, en en courtisant d'autres,
Me r'tirer sur la quantité.

MIMI, *la main sur son cœur.*

Ah! mon Dieu.

TAMERLAN.

Ah !... j'oubliais... Avant d' partir, faut que j' vous rende...
Tenez, mamzelle, ce fichu vous appartient... reprenez-le.

MIMI.

Mon fichu ! celui que j'ai perdu sur le boulevard des Italiens !...

TAMERLAN.

C'est ça même ; je n' voulais vous le rendre que le jour de
notre mariage ; mais puisque ce jour-là ne doit pas arriver, je
ne veux pas conserver un souvenir... qui fait... que je me sou-
viens... de... Adieu, mamzelle.

MIMI.

Arrêtez!... Oh! je veux tout savoir à présent... cet homme
qui m'a sauvée... ce protecteur inconnu... c'était vous ?

TAMERLAN.

Oui... je ne vous ai pas dit ça... parce que... on a l'air de se faire payer d'un service... et j'avais l'idée de vouloir être aimé pour mon physique et mes grâces naturelles.

MIMI, *vivement.*

Oh! comment vous remercier...

TAMERLAN.

Ne me remerciez pas!... un œil poché! ça n'en vaut pas la peine.

MIMI.

Et c'était pour moi!

TAMERLAN.

Oui... c'était pour... Adieu, mamzelle.

MIMI.

Ne partez pas.

TAMERLAN.

C'est vous qui me retenez!...

MIMI.

Dame! monsieur Cyprien, on fait quelquefois de bien mauvaises rencontres dans Paris... et un mari... c'est souvent très-utile.

TAMERLAN.

Qu'entends-je!

MIMI.

Même air.

Sans vouloir faire la coquette,
Vous avez eu quelques rivaux;
Beaucoup brillaient par la toilette,
Je les voyais jeunes et beaux.
Comm' vous, j'aurais pu sans entrave,
Me r'tirer sur la quantité;
Mais vous êt's bon, mais vous êt's brave,
Et j' m'en tiens à la qualité.

TAMERLAN, *pleurant.*

Hi! hi! hi!... Allons, bon! v'là que j' pleure à présent avec l'envie de rire... Pincez-moi, faites-moi des noirs, tapez-moi dans le dos, que je voie si je suis réveillé. (*L'entourant de ses bras.*) Mimi, ma petite Mimi... tiens! tiens! tiens!... (*Il l'embrasse à plusieurs reprises, Califourchon entre du fond; Mimi se sauve, en poussant un cri, dans le cabinet à droite.*)

SCÈNE XIV.

CALIFOURCHON, TAMERLAN, *puis* ZIZINE.

CALIFOURCHON.

Il l'embrasse!... oh!...(*Avec éclat.*) Ça lui a réussi!...

TAMERLAN, *ivre de joie.*

Victoire!... je suis aimé!... Mimi m'aimait!... Mimi m'aimait!...

CALIFOURCHON, *à part.*

Ça lui a réussi!!!..

TAMERLAN.

Ernest, embrasse-moi!

CALIFOURCHON.

Ah! tu m'étouffes!

TAMERLAN.

J' vas faire publier mes bans. (*Il sort précipitamment et se jette dans Zizine qui entre.*)

ZIZINE, *le repoussant.*

Aïe! prenez donc garde!

TAMERLAN.

Faut que je vous embrasse aussi. (*Il l'embrasse et sort.*)

SCÈNE XV.

CALIFOURCHON, ZIZINE.

ZIZINE, *à Tamerlan.*

Prenez donc garde, vous me chiffonnez.

CALIFOURCHON, *à part.*

Qu'elle est belle, cette fâme!

ZIZINE, *rajustant sa toilette.*

Il est toqué ce garçon-là!

CALIFOURCHON, *à part.*

Faut-il toucher sa corde fortement ou légèrement... J'ai envie de frapper un grand coup.

ZIZINE.

Tiens! vous êtes ici, vous!

CALIFOURCHON, *à part.*

Je suis dans une vilaine position. (*Il lève la main, Zizine le regarde, il la rabaisse vivement.*)

ZIZINE.

Qu'est-ce que vous avez donc?... Vous avez l'air tout chose.

CALIFOURCHON, *à part.*

Je le crois, fichtre bien, que j'ai l'air tout chose!... c'est le manque d'habitude pour cet exercice. (*Il lève la main, même jeu.*) Oh! que je suis donc dans une vilaine position!

ZIZINE.

Mais qu'est-ce que vous avez donc à faire de grands bras?

CALIFOURCHON.

Moi, rien... c'est que j'ai des inquiétudes dans le radius et dans le cubitus.

ZIZINE.

Qu'est-ce qu'il nous chante?

CALIFOURCHON, *à part.*

Oh! oui, que j'ai des inquiétudes!

ZIZINE, *à part.*

Pauvre garçon!... a-t-il l'air jobard!

CALIFOURCHON, *à part.*

Il le faut pourtant... puisque ça lui a réussi... Allons-y ferme,

ZIZINE.

Ah çà! me direz-vous ce que vous faites ici et comment vous y êtes entré?

CALIFOURCHON, *à part.*

Brusquons la chose. (*Haut.*) J'y suis parce que j'y suis, et que ça me plaît.

ZIZINE.

Parole d'honneur?

CALIFOURCHON.

Et j'y resterai tant que ça me fera plaisir, et quand ça devrait vous faire de la peine.

ZIZINE.

Ah! vous y resterez, et de quel droit?

CALIFOURCHON, *à part.*

Brusquons la chose. (*Haut.*) Du droit du plus fort.

ZIZINE.

Le plus fort, vous?

CALIFOURCHON, *à part.*

Brusquons la chose. (*Haut.*) Oui, moi; et si vous en doutez... (*Il lève sur elle un bras effrayant en la regardant avec amour.*)

ZIZINE.

Ah! le gueux... il ose lever la main sur moi!... Tiens. (*Elle lui applique un soufflet.*)

CALIFOURCHON.

Oh! la, la!

ZIZINE.

Ah! le monstre! il menace une faible femme... Attends!... (*Elle saute sur un balai, en retire le manche avec son pied, et pourchasse Califourchon, qui se réfugie derrière les meubles qu'il renverse en courant.*)

CALIFOURCHON.

A la garde! à la garde! — (*Tamerlan, en entrant, reçoit un coup du balai que Zizine agite avec fureur.*)

SCÈNE XVI.

Les mêmes, MIMI, TAMERLAN.*

MIMI ET TAMERLAN, *entrant.*

Qu'est-ce donc?

Air:

Ensemble.

CALIFOURCHON.

Ce moyen de lui plaire
Ne m'a pas réussi.
Evitons sa colère,
Vite, filons d'ici.

ZIZINE, *le poursuivant.*	MIMI, TAMERLAN.
Je suis d'une colère!	Pourquoi cette colère?
Me menacer ainsi!	Pourquoi crier ainsi?
Insolent, téméraire,	Qu'a-t-il donc pu lui faire?
Filez, filez d'ici.	Que veut dire ceci?

(*Tamerlan arrête Califourchon, Mimi arrête Zizine.*)

ZIZINE.

Le monstre!... oser lever la main sur moi!...

CALIFOURCHON.

Mais puisqu'elle l'a bécoté!

TAMERLAN, *bas.*

Aïe!... imbécile!

CALIFOURCHON, *regardant Zizine, qui lève son balai sur lui.*

Qu'elle est belle cette fâme!!!... Et quelle vertu, mon ami... Elle vous a une poigne!... nom d'un chien! v'là une femme qui me va joliment!... J'aime à être battu par les femmes, moi.

ZIZINE.

Je veux...

TAMERLAN.

Ne pensons plus à ça. (*Prenant la main de Mimi.*) Voisine, je vous présente ma femme!

MIMI.

Zizine, je te présente mon mari!

ZIZINE.

Ah bah!

CALIFOURCHON.

Ah bah!

ZIZINE, *à Tamerlan.*

Mais vous avez donc trouvé un talisman?

* Z., M., T., C.

MIMI, *montrant son fichu.*

Oui... ceci!

ZIZINE.

Bah! c'était...

TAMERLAN.

C'était moi.

ZIZINE, *à Mimi.*

Ainsi, tu me quittes... tu te maries...

CALIFOURCHON.

Voisine, si vous voulez convoler... parole sacrée, je suis bien votre affaire...

ZIZINE.

Vous?... vous êtes un monstre! vous battez les femmes... Oh!

MIMI.

Oh!

TAMERLAN.

Oh!

TOUS LES TROIS, *s'éloignant de lui.*

Oh!

CALIFOURCHON, *à part.*

Ah! elle est bonne celle-là, par exemple!... (*Haut à Zizine.*)* Oui, je suis un monstre, mais un monstre qui vous idole, et qui dépose à vos bottines, son nom, son cœur, et 1,733 livres de rentes...

ZIZINE.

Vous avez des rentes?... voici ma main.

CALIFOURCHON, *à part.*

J'ai touché sa corde, elle est à Califourchon... Qu'elle est belle cette fâme!...

Air chanté scène X.

Ensemble.

Faut s'amuser, danser et rire,
Et puis se marier enfin;
La morale n'a rien à dire
Lorsque l'on finit par la fin.

TAMERLAN.

Le jour d'un si doux hyménée,
Le piston avec nous r'dira
Taratata!

CALIFOURCHON.

Tais-toi... la pièce est terminée,
Zizine pour nous parlera.

ZIZINE, *au public.*

Les artistes font leur possible,
Pour vous plaire, ils sont tous d'accord.

* Z., C., M , T.

MIMI, *au public.*

Pour toucher leur corde sensible,
N'ayez pas peur...., frappez bien fort.

(Elle fait le geste d'applaudir.)

Reprise.

Faut s'amuser, danser et rire,
Et puis se marier enfin;
La morale n'a rien à dire
Lorsque l'on finit par la fin.

FIN.

BIBLIOTHÈQUE THÉATRALE.

NOUVEAUTÉS.

LES FAMILLES

Comédie en cinq actes, en vers, par M. Ernest SERRET.
Edition de luxe.—Prix : 1 fr. 50.

LA PEAU DE CHAGRIN

Drame en cinq actes, tiré des romans de H. DE BALZAC,
par M. Louis JUDICIS.—Prix : 1 fr.

OU

L'OCCASION FAIT LE LARRON,

Opéra comique en un acte, par MM. SAINT-GEORGES et DUPIN,
musique de M. SAINT-JULIEN. — Prix : 60 centimes.

L'IVROGNE

ET SON ENFANT,

Vaudeville en deux actes, par M. Charles DESNOYERS.
Prix : 60 c.